Rosentanzen Verlag

99
Motivationen für Papas

Mit Humor wird's leichter

Für dich.
Weil du der beste Papa bist.

Hallo du lieber Papa,

nimm dieses Buch und hol dir eine
kurze Auszeit zum Schmunzeln.

Indem du irgendeine Seite aufblätterst,
ein paar Zeilen liest und dir klarmachst,
dass du der beste Papa bist, den es
für deine Kinder gibt.

Heute schon wieder alles
falsch gemacht?

Frag mal deine Kinder,
was du **TOLLES** kannst.
Die Antwort wird dir gefallen.

Mit welchem deiner
Papa-Freunde
würdest du gern
das Leben tauschen?

Mit keinem?

Freu dich über das,
was du hast!

Harter Arbeitstag + keine Wertschätzung?

↓

Guck mal ins Tiefkühlfach.
Da könnte kurzzeitiger
Trost lauern.

Wer macht im Haushalt
am meisten?

EGAL!
Sag einfach
zwischendurch
„Ich mach's!"

Davon profitieren
garantiert alle.

Wenn dein einziger Ruheort
die Toilette ist, dann mach
dir keine Sorgen:

Du bist damit nicht allein.

(Also generell nicht allein.
Wenn du auf'm Klo sitzt,
dann schon. Hoffentlich.)

Wie oft bleibst du heimlich länger
im Auto und machst noch schnell
was am Handy, BEVOR
du reingehst?

Pass bloß auf, dass dein
Display nicht zu hell ist!

Wenn du zurückblickst:

Findest du dich noch
genauso cool wie früher?

Nein?
Stimmt!

Du bist viel cooler.
Du hast Leben erschaffen.

Wie toll das war, als dir noch
keine(r) gesagt hat, dass du

→ auch mal saugen könntest.

→ die Kinder wieder falsch angezogen hast.

→ die ganze Nacht geschnarcht hast.

Da gibt's jetzt auch nix
schön zu reden.

Ihr plant Urlaub?

Prüf als Allererstes, ob es da Kinder-Betreuung gibt.

Die Nacht war furchtbar?
Dein Chef ist unerträglich?
Deine Frau ist sauer auf dich?
Deinen Kindern ist das egal?

Schreib in diesen Momenten
drei Dinge auf, für die du
wirklich dankbar bist.

Das da oben sind Kleinigkeiten!

Du brauchst Verbündete.

Deine Frau zum Beispiel.
Gemeinsam steht ihr das
mit den Kindern (und so)
viel besser durch.

Wahnsinn, was du alles bist:

- Arbeitstier (inkl. Hausmeister-Dienste)
- Rundum-Bespaßer
- Tobe-Experte
- Hausaufgaben-Hilfe
- Spielzeug-Reparateur
- Engagierter Ehemann
- Lego-Ingenieur
- Improvisateur in Sachen Kinder-Mahlzeiten

Was fällt dir noch ein?

Geh jeden Tag strategisch an:

Beschäftige dich intensiv mit
dem Zyklus deiner Frau.
Das rettet womöglich
dein Leben.

Was für ein Papa wärst du gerne?

... einer mit richtig viel Zeit?
... einer mit erfolgreicher Karriere?
... einer, der immer weiß, was richtig ist?

Lösung:
Versuch nicht zu sein, sondern sei.

Papas haben keine Ahnung,
wie Erziehung geht?

Haben Mamas auch nicht!

Dein schneller Beitrag für
mehr Gleichberechtigung:

Geh in **alle**
Kinder-Whatsapp-Gruppen,
in denen deine Frau
auch ist.

Geheimtipp:

Man kann ruhig öfter mal eine
Tiefkühlpizza mit Gemüse belegen.
Ist dann quasi gesund.

Du bist der Papa.
Papas sind stark.
Die machen sich keine Sorgen.

Falls jemand so was zu dir sagt,
solltest du den Kontakt abbrechen.

Sofort.

↑

Hast du schon mal vor deiner Frau
infrage gestellt, ob es sich wirklich lohnt,
jetzt schon wieder sauber zu machen?

Das solltest du nicht noch mal tun.
Nie wieder am besten.

(Wegen aussichtslos)

Du wolltest als Kind bestimmt
auch immer ein
Superheld sein, oder?

Jetzt bist du's!

XXX

Immerhin für deine Kinder.

Wofür hast du keine Zeit mehr,
seitdem du Papa bist?

Bist du dir sicher, dass es
wirklich nur am Papa-Sein liegt?

Es kommt doch am Ende
gar nicht drauf an,
WIE VIEL
Zeit du mit deinen Kindern
verbracht hast.

Das WIE zählt.

Du hast manchmal das Gefühl, du dürftest dich gar nicht ~~*Papa*~~ nennen, sondern eher *erwachsenes Kind*?

Genau aus diesem Grund spielen deine Kinder so gerne mit dir!

Deine Haare fallen aus?
Dein Bauch wird größer?

Liegt an der Papa-Rolle.
Oder was könnte es
sonst sein?!

Du hättest niemals gedacht,
dass du ein Papa mit Rucksack
und Multifunktionsjacke wirst?

Dich sollte nach
Miterleben einer Geburt
gar nichts mehr wundern.

Stell dir vor, du dürftest einem Papa,
der einen exzellenten Papa-Job
macht, einen ausgeben.

Dieser Papa trägt deinen Namen
und sieht genauso aus wie **du**.

Was
wünschst du dir jetzt
gerade am meisten?

Und was
hält dich davon ab?

Bist du ein moderner Papa?

Du weißt gar nicht, was
das genau ist?

Solange ihr euch zu Hause
einig seid, ist doch alles
in bester Ordnung!

Wenn du denkst,
du hast nix im Griff,
solltest du dir klarmachen,
dass dieser Zustand bis zu
25 Jahre andauern kann.

Manchmal auch 30.
Oder 35.

Irgendwann ist es umgekehrt.
Dann essen deine Kinder
die Süßigkeiten heimlich.

Und du musst so tun, als
wäre das gaaanz schlimm.

Drei Koch-Tipps für empfindliche Esser*innen und verzweifelte Papas:

Nudeln mit

- ✓ Tomatensoße (aus'm Glas)
- ✓ Pesto
- ✓ Ketchup

Die Beziehung zwischen dir und deiner Frau war früher irgendwie harmonischer?

Macht mal wieder was OHNE Kinder!

Ihr werdet euch zwar sofort streiten – aber danach wird´s irgendwie harmonischer.

☆ 1 Stunde Ruhe garantiert: ☆

Schenk deiner Partnerin
einen Massagegutschein.
Freitagabend, 19:30 Uhr.

Irgendwann wirst du deinen
Kindern leider peinlich sein.

Koste es aus, solange sie
dich für ALLES feiern.

Ihr findet als Eltern einfach
keine Zeit für euch?

Es soll ein Möbelhaus geben,
wo sich liebe Menschen so
gerne mal um eure Kinder
kümmern würden.

90 Minuten haben
oder eben nicht haben.

Was ist unsichtbar und wird
viel zu wenig wertgeschätzt?

Die liebevollen Gedanken, die
du dir rund um die Uhr um
deine Kinder machst.

Du fragst dich:

Wie zur Hölle schaffen
die anderen das?

Die anderen fragen
sich das auch.

Zwischendurch hilft es, wenn
du kurz so tust, als wären
es nicht deine Kinder.

Dann ist alles auf einmal
gar nicht mehr
so schlimm.

Genieß die Zeit,
in der deine Kinder dich
für deine Püpse loben.

Sie wird verfliegen.

Du wünschst dir manchmal
dein altes Leben zurück?

Stell dir mal zwei Minuten vor,
wie das **wirklich** wäre.

Würdest du ganz sicher
tauschen wollen

?

Wo keine Krümel liegen,
ist kein Leben.

Ob das als Argument zieht,
darüber lässt sich streiten.

Wenn du dich von deiner Partnerin
ungerecht behandelt fühlst,
dann denk kurz zurück
an die Schwangerschaft.

Kein Vergleich, oder?

Einkaufen mit Kindern ist
eine gute Übung für

Grenzen setzen.

Brötchen in die Hand
kann auch eine Grenze sein.

Hast du noch Freunde
ohne Kinder?

Das Schöne ist ja, dass du
dich mit denen (fast) gar nicht
über die Kinder unterhältst.

→ Pflege diese Freundschaften!

Wenn Mama kocht,
schmeckt's angeblich besser?

Kannst du ja jetzt auch nix für.

Du bist irgendwie
unzufrieden, weil du

- deine Freunde so lang nicht gesehen hast,
- zu selten Zeit nur mit deiner Frau verbringst,
- zu wenig Schönes mit den Kindern machst?

Versuch doch erst mal
eine Sache pro Woche
wieder einzubauen.

Es kann dir auch zum Verhängnis
werden, wenn deine Kinder
denken, dass du der Einzige bist,
der Batterien auswechseln kann.

Sie werden dich nicht
mehr in Ruhe lassen!

Wenn sich deine Arbeit wie
Urlaub anfühlt, solltest
du dir ganz dringend
was Gutes tun.

Bist du einer von diesen
Aktiv-Vätern, der die Kinder morgens in
Sportklamotten + Fahrradanhänger
wegbringt?

Nein?

Macht überhaupt nix.

Kindergeburtstage sind
nicht so dein Ding?

Freu dich schon mal auf die
ersten Hauspartys.

Deine Kinder denken, dass
Mama deine Chefin ist?

Versuch gar nicht
erst das zu ändern.

Wenn deine Kinder morgens ins Bett
kommen und dich einfach nicht
mehr schlafen lassen, halt dir vor
Augen, dass du sie irgendwann
nicht aus dem Bett kriegen wirst.

Aha. Hilfreich.

Behalt Folgendes im Hinterkopf:

Mamas können sich (naturbedingt)
viel länger auf ihre Rolle
vorbereiten.

Kein Wunder, dass du von
deinen Kindern überrumpelt
wurdest bzw. wirst.

Wenn du nur noch Kinderlieder
mitsingen kannst, dann wird’s Zeit,
dass du mal wieder **deine** Songs hörst.

Am besten, wenn keiner dabei ist.

Du hast das Gefühl, dass
sich deine Kinder zu Hause
immer benehmen wie
'ne offene Hose?

Liegt nur daran, dass sie sich
bei euch so wohl fühlen.

Wann hast du das letzte Mal gehört,
dass du ein feiner Kerl bist?

Heute!

Du bist ein feiner Kerl.

Wer ist strenger zu Hause?

Eigentlich du?
Oder siehst du's meistens
gar nicht so eng?

Frag deine Kinder.
Die kennen die Wahrheit sowieso.

Du kennst das Wort
Party
nicht mehr?

Hat irgendwas mit Freunden
und Tanzen zu tun und soll
auch was für Papas sein.

Essen

selbst kochen
oder
selbst kaufen?

Da beides mit
selbst und **k** anfängt,
ist auch beides gleich gut.

Wenn du um 9 Uhr auf die Uhr
guckst und es sich wie 17 Uhr
anfühlt, dann solltest du kurz
die Augen zumachen.

Immerhin
zehn Sekunden
weiter.

Falls dich jemand fragt,
was für ein Buch du abends
liest, dann antworte einfach:

„Das Buch ist schwarz und
hat leider keine Seiten."

Du hast schon wieder nicht zugehört?

Bevor du es zugibst,
könntest du auch sagen:

„Ich pass mich eben unheimlich
schnell meiner Umgebung an."

Wenn du Glück
hast, findet
es eine(r) lustig.

Solltest du abends wieder zu viel Zeit auf Social Media verbringen und dich danach schlecht fühlen, versuch folgende Strategie:

Nimm das Handy NICHT mit auf's Sofa.

↓

Versuch, auch deine Frau davon zu überzeugen.

↓

Füllt die Leere mit Worten.

Werden dir bei der Arbeit
rücksichtslos Termine eingestellt,
die als engagierter Papa
nicht machbar sind?

Hör auf, dich zu
rechtfertigen und sag:

GEHT NICHT!

Bei einem Kopf voller Gedanken:
Frag dich, welcher dir davon
wirklich weiterhilft.

Keiner?

Dann solltest du sie
ziehen lassen.
Alle.
Und zwar sofort.

Wenn der Müll schon aus den Eimern hängt, es aussieht, als hätte der Laubbläser *aufgeräumt*, ihr euch gestritten habt und deine Kinder immer weiter auf dich einreden …

… mach dir klar, dass du

OHNE DAS ALLES
viel zu sehr
NUR MIT DIR
beschäftigt wärst.

Auch keine Lösung!

Du leidest, weil du deine Familie
tagsüber lange nicht siehst?

Du leidest, weil du keine Zeit
mehr für dich hast?

Du leidest, weil du eure
Zweisamkeit vermisst?

Sag's mal deiner Frau.
Sie wird dich verstehen.

Deiner Meinung nach können
Kinder ihre Hosen ruhig
3x nacheinander tragen?

Stimmt.
Wenn man nicht dran riecht.

Folgende Regel für alle
Elterngespräche
(Kindergarten + Schule + danach auch):

Sie meinen es nicht persönlich.
Irgendwann wird dein Kind
genauso toll wie Papa.
Und Mama.

Bei unerwünschten Erziehungstipps
am besten fair reagieren!

„Schade, dass **deine** Eltern das
damals nicht wussten."

Was hast du früher an
Sonntagen gemacht?

Versuch, mindestens
eine Sache
davon wieder einzuführen.

(Zumindest an jedem 2. Sonntag)

Keinen Kitaplatz,
keinen Schwimmkurs,
keine Nachmittagsbetreuung?
Keine Harmonie?

Papa-Übergangslösung:

Pünktlich Feierabend machen
+
Schwimmen fahren

Es ist wirklich nicht schlimm,
wenn der Pizzabote
dich mit Namen begrüßt.

Hast du auch schon mal eine
eurer Tupperdosen verloren?

Bei
nicht selbst gemacht
wäre das nicht passiert.

Das kannst du ruhig so weitergeben.

Keine Zeit für Sexy-Time?

Eine umfangreiche Umarmung
(deiner Frau) kann auch
schon helfen.

Zumindest besser als nix.

Als guter Papa solltest du mit deinen
Kindern auch mal was basteln.

Ahja.
Interessant.

Wenn deine Kinder einfach nicht
kommen, wenn du sie rufst,
dann setz dich gemütlich
auf's Sofa.

In 30 Sekunden müssten
sie da sein.

Hand auf's Herz:

Wie oft hast du schon
vergessen, den Kindern

das Gesicht zu waschen,
die Haare zu kämmen,
die Zähne zu putzen?

Schlimmer wär's gewesen,
wenn du deine Kinder beim
Bäcker vergessen hättest.

Eine Sache sollte dir von
vornherein klar sein:

Widerstand gegen deine
Frau + Schwiegermutter
ist zwecklos ...

Endlich Wochenende
und du kannst ausschlafen.
Nicht?

Schütze dich selbst und
geh lieber genauso früh ins
Bett wie unter der Woche.

Wenn du das Gefühl hast, dass
gerade alles *drunter und drüber* geht,
erinner dich an folgende Situationen zurück:

als dich dein Kind vollgebrochen hat,

als du keine Nacht durchgeschlafen hast,

als ihr gleichzeitig Magen-Darm hattet,

als ...

Du könntest dir mal wieder
eine einfach gestrickte
Männer-Zeitschrift
kaufen.

Tut gut.

Wann hast du das
letzte Mal einfach
GAR NICHTS
gemacht?

Solltest du die Frage
nicht verstehen, dann
lass sie dir erklären.

Von jemandem *ohne*
Kinder am besten.

Wie bitte?

Du hast noch kein Baumhaus
für deine Kinder gebaut?

Auf Spielplätzen gibt’s
so was ähnliches doch auch.
Ist sogar umsonst.

Du hast die Schnauze voll?

Sag doch einfach mal:
Ich hab die Schnauze voll!

Papas dürfen das
nämlich auch.

Dein Kind ist krank und ihr
müsst **beide** arbeiten?

Macht eine Strichliste. 

Dann ist wenigstens direkt klar,
wer zu Hause bleiben muss.

Du hast in der Woche wenig Zeit
für deine Kinder und willst am
Wochenende ALLES nachholen?

Nimm den Druck raus!

Deine Familie liebt dich
auch ohne tolle Ausflüge.

Es sind die ehrlichen
Gespräche, die zählen:

„Danke für deinen
unnötigen Ratschlag.
Behalt ihn nächstes
Mal gerne für dich."

(Gilt auch für Unterhaltungen
mit deiner Mutter)

Mach am besten aus
allem einen Wettkampf.
Funktioniert (fast) immer.

Wer kann am schnellsten ...

... aufräumen?
... die Schuhe anziehen?
... den Tisch decken?

Ein anderer Papa gibt mit
seinen Kindern an?

Vielleicht, weil ihm zu sich selbst
nichts Gutes mehr einfällt?!

Wenn deine Frau krank ist,
kannst du zeigen, was du
wirklich drauf hast.

Das Gute ist ja:
Es klappt immer irgendwie.

Falls du deinen 1. Kaffee am Tag

ALLEIN

trinken möchtest, solltest du
lieber das Licht auslassen.

Sie hören nämlich alles.
Auch den Lichtschalter.

Und wer schmiert dir mal
ein leckeres Brot?

Vergiss dich nicht.

Du willst doch nur mal
deine Ruhe?

Das wird eh nix.

X

Akzeptanz ist auch eine Lösung.

Wenn dich einer fragt, was deine
Hobbys sind – sag einfach:

„Rennen, reparieren und (vor)lesen.
Und jetzt hör bitte auf zu fragen."

Seitdem die Kinder da sind, fällt's dir
noch schwerer, Sachen wiederzufinden?

Ärgerlich.

Immerhin kannst du's jetzt auf
die Kleinsten schieben.

Egal ob Jungs- oder Mädchen-Papa:

Du bist und bleibst
Ansprechpartner Nummer 1,
wenn's darum geht,
was heile zu machen.

Warum gibt's eigentlich
sooo viele Mama-Bücher
und fast keine für Papas?

Unfair!

Halt dieses in Ehren.

Fazit

Du bist der tollste Papa,
den es gibt!

Und toll heißt
NICHT
perfekt.

Dir gefällt das Buch?

Hinterlasse gerne eine Bewertung auf Amazon:

www.amazon.de/ryp

Falls du Fragen oder Anregungen hast,
melde dich hier:

autorinjanarosenkranz@gmail.com

Impressum

Rosentanzen Verlag wird vertreten von

Jana Rosenkranz Am Anschlag 28 58553 Halver

Illustrationen: Creative Market, Flaticon
ISBN: 9783000774690

Printed in Poland
by Amazon Fulfillment
Poland Sp. z o.o., Wrocław

33309535R00061